만화
데일카네기 인간관계론1

데일카네기
인간관계론 1

만화

데일 카네기 지음 | 길문섭 엮고 그림

미르북
컴퍼니

프롤로그
이 책이 탄생하기까지 · 6
이 책으로 최대의 효과를 얻기 위한 9가지 제언 · 11

인간관계의 3가지 기본 원칙

꿀을 얻으려면 벌통을 걷어차지 말라 · 22
칭찬에는 밑천이 필요 없다 · 47
상대방의 눈으로 세상을 바라보라 · 74

 PART2

사람들이 당신을 좋아하게 만드는 6가지 비결

어디서나 환영받는 비결 · 114

좋은 첫인상을 남기는 비결 · 156

상대방의 이름을 기억하는 비결 · 188

좋은 대화 상대가 되는 비결 · 211

사람들의 관심을 얻는 비결 · 238

사람들이 나를 순식간에 좋아하게 만드는 비결 · 246

이 책이 탄생하기까지

시카고 대학과 YMCA 연합학교는 성인들이 배우고 싶어 하는 수업을 알아보기 위한 조사를 실시했다.

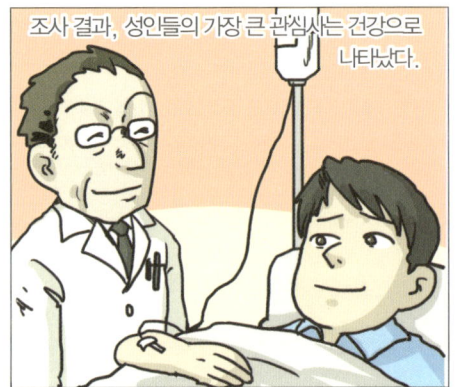
조사 결과, 성인들의 가장 큰 관심사는 건강으로 나타났다.

그리고 그들의 두 번째 관심사는 사람, 즉 사람들을 이해하고 그들과 좋은 관계를 맺는 법, 사람들이 나를 좋아하게 만드는 법, 사람들을 설득시키는 방법에 관한 것이었다.

이 책으로 최대의 효과를 얻기 위한 9가지 제언

첫째 인간관계의 원칙들이 당신에게 얼마나 중요한지 계속 상기하라.
둘째 각 장을 철저하게 반복해서 읽어라.
셋째 책을 읽다가 자주 멈춰서 지금 읽고 있는 내용을 음미하라.
넷째 색연필이나 연필, 펜을 들고 책을 읽어라.
다섯째 이 책을 당신 앞에 있는 책상 위에 두고 자주 찾아보라.
여섯째 이 책에 있는 원칙들을 완전히 익히고 싶다면 실행에 옮겨라.
일곱째 자신의 계획과 실행을 주위에 알려 원칙을 익히는 것을 활기찬 게임으로 만들라.
여덟째 '나는 어떤 실수를 저질렀는가? 내가 했던 옳은 일은 무엇인가? 어떻게 했으면 더 잘할 수 있었을까? 이번 경험을 통해 내가 얻을 수 있는 교훈은 무엇인가?'에 대해 늘 상기하라.
아홉째 원칙에 따라 실행한 것들이 성공하고 실패한 사례를 구체적으로 기록하라.

이 책으로 최대의 효과를 얻기 위한 9가지 제언

원칙 1	사람들을 비판, 비난하거나 불평하지 말라. Don't criticize, condemn or complain.
원칙 2	솔직하고 진지하게 칭찬하라. Give honest, sincere appreciation.
원칙 3	상대방의 마음에 강한 욕구를 불러일으켜라. Arouse in the other person an eager want.

인간관계의 3가지 기본 원칙

꿀을 얻으려면
벌통을 걷어차지 말라

다른 예로 티포트 돔 유전 스캔들을 살펴보자. 이 사건은 몇 년 동안이나 사회에 큰 파장을 일으켰다.

이 스캔들은 미국 역사상 유례가 없는 사건이었다.
사건의 전모는 이러했다.

하딩 행정부에서 내무장관을 맡은 앨버트 펄은 엘크 힐과 티포트 돔에 있는 정부 소유의 유전 지대 임대에 대한 권한을 위임받았다.

펄은 이 지역을 경쟁 입찰을 통하지 않고 자신의 친구인 에드워드 L. 도헤니에게 아주 유리한 조건으로 대여해 주었다.
알아서 잘하게.

도헤니는 '대여금'이라는 명목으로 펄 장관에게 10만 달러를 건네주었다.

그리고 펄 장관은 해병을 동원에 석유를 채굴 중이던 군소 유전업자들을 쫓아냈다.

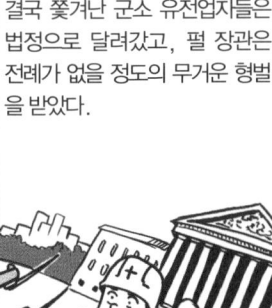
결국 쫓겨난 군소 유전업자들은 법정으로 달려갔고, 펄 장관은 전례가 없을 정도의 무거운 형벌을 받았다.

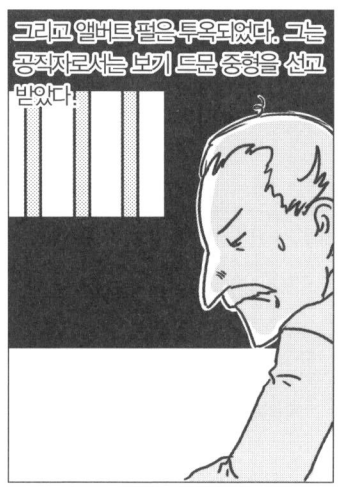

당시 링컨은 포토맥 지구의 전투사령관을 몇 번씩이나 교체해야만 했다. 매클래런, 포프, 번사이드, 후커, 미드 등 새로 임명된 장군마다 무참히 패했기 때문이다.

북부 측 국민 모두는 무능력한 장군들을 비난했지만, 링컨은 "누구에게도 악의를 품지 말고, 사랑을 베풀자"라고 했다.

'타인을 비판하지 말라. 그러면 너도 비판받지 않을 것이다.'

그들을 비난하지 마세요. 우리도 그들과 같은 상황에 있었다면 그렇게 행동했을지 모르니까요.

그런데 링컨에게도 비난하지 않을 수 없는 상황이 찾아왔다. 다음 이야기를 잘 들어 보자.

친애하는 장군께

나는 리 장군의 탈출로 인한 이 불행이 얼마나 중대한 사안인지 장군께서 제대로 이해하지 못한 것 같다고 생각합니다.
우리의 지난 승전들을 미루어 볼 때, 우리 군은 리 장군을 사로잡아 전쟁을 끝낼 수 있었습니다. 하지만 장군께서는 리 장군에게 제대로 된 공격을 하지 못했습니다. 이제 적군이 강을 건너갔으니 어떻게 우리의 승리를 확신할 수 있겠습니까? 더 이상 우리에게 유리한 전투를 기대하기는 어려울 것 같습니다. 저는 장군께서 전투를 제대로 이끌어갈 수 있을지 염려됩니다. 그 일로 인해 저는 감당할 수 없는 고통을 겪고 있습니다.

미합중국 대통령
에이브러햄 링컨

편지를 읽은 미드 장군은 무슨 생각을 했을까?

칭찬에는 밑천이 필요 없다

1. 건강과 장수
2. 음식
3. 수면
4. 돈과 돈으로 살 수 있는 것
5. 내세의 삶
6. 성적인 만족
7. 자녀들의 행복
8. 나는 중요한 사람이라는 만족

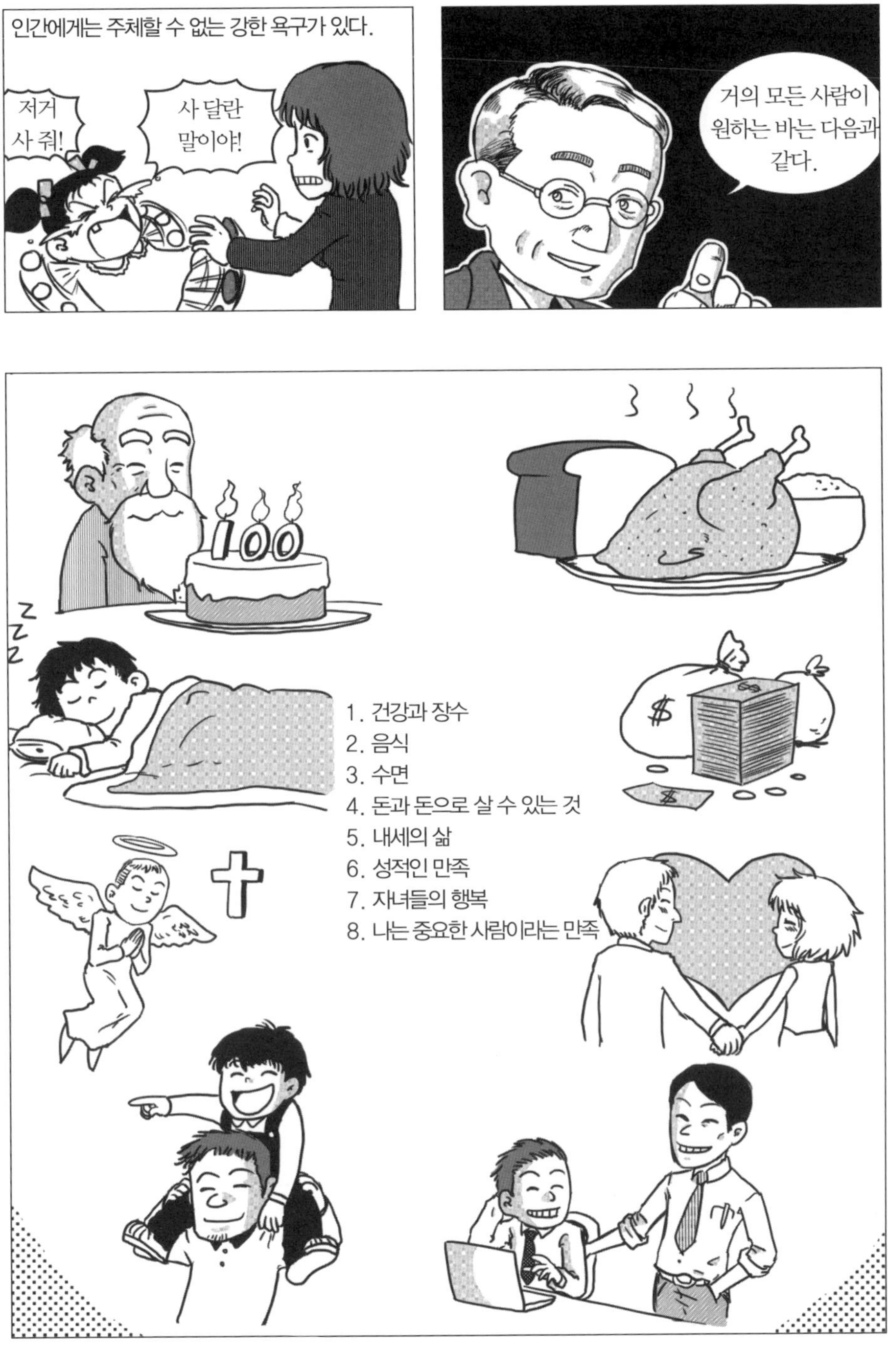

아버지는 상으로 받은 파란 리본을 하얀 모슬린 천에 꽂아 두고 친구들이나 손님이 오면 자랑했다.

상을 자랑할 때는 아버지가 끈의 한쪽 끝을, 내가 반대쪽 끝을 잡고 있었다.

정작 상을 받은 돼지들은 그 상에 대해 별다른 의미를 부여하지 않았지만, 아버지는 그 상을 통해 자신이 중요한 사람이라는 느낌을 받았다.

만약 우리 선조들도 돼지와 같이 인정받으려는 욕구가 없었더라면 지금 우리가 누리고 있는 문명 또한 없었을 것이다.

배운 것 없고, 가난에 찌든 야채 가게 점원이 50센트를 주고 산 가구에서 우연히 발견한 법률 책을 공부하도록 이끈 것도 바로 이 '갈망'이다.

그 야채 가게 점원은 우리가 잘 알고 있는 링컨이다.

찰스 디킨스가 그의 불멸의 소설을 쓸 수 있게끔 영감을 준 것도,
크리스토퍼 렌 경이 석조 건축물을 설계하고,
록펠러가 엄청난 부를 축적할 수 있도록 한 것도 바로 이 욕망이다.

욕망은 당신이 최신 유행하는 스타일의 옷을 입고, 신형 차를 몰고, 똑똑하고 잘난 자녀에 대해 말하도록 한다.

많은 소년들이 폭력배나 총잡이가 되도록 유혹하는 것도 바로 이 욕망이다.

BANG!!

요즘 젊은 범죄자는 대개 자아로 가득 차 있으며, 자신이 영웅으로 묘사된 신문을 달라고 요구한다.

E. P. 멀루니 뉴욕시 경찰 국장

그들은 베이브 루스나 아인슈타인, 토스카니니, 루스벨트와 같은 유명인의 사진과 함께 신문의 한 면에 실린 자신의 사진을 보고 기뻐한다.

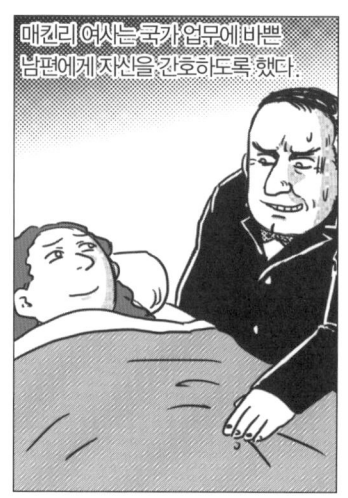

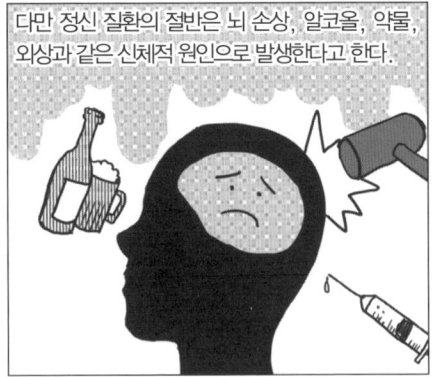

어떤 뚜렷한 문제에 대해 고민하지 않을 때, 인간은 자신에게 주어진 시간의 95퍼센트를 자기 자신에 대해 생각하면서 보낸다고 한다.

이제 자기 자신에 대한 생각을 멈추고, 다른 사람의 장점을 생각해 보자. 그러면 천박하고 거짓된 아첨 따위는 할 필요가 없을 것이다.

내가 만난 모든 사람들은 어떤 방면에서 나보다 뛰어나기 때문에 나는 모든 사람들로부터 배운다.

랄프 왈도 에머슨

위대한 사상가 에머슨이 이렇게 느꼈다면, 우리 같은 평범한 이들은 어떨까? 스스로에 대해 생각하는 것을 잠시 멈추고 타인의 장점을 찾아내려고 노력하자.

그리고 아첨을 하는 대신, 진심에서 우러나오는 칭찬을 하자.

상대방의 눈으로 세상을 바라보라

나는 매년 여름휴가 때마다 낚시를 한다.

나는 딸기 빙수를 무척 좋아한다.
물고기가 지렁이를 좋아하는 것처럼 말이다.

낚시를 할 때는 내가 좋아하는 것보다 물고기가 좋아하는 것들을 생각한다.

낚시꾼 중에 낚싯바늘에다 자신이 좋아하는 음식을 매다는 어리석은 사람은 없을 것이다.

이 미끼가 먹고 싶지 않니? 어서 물어라.

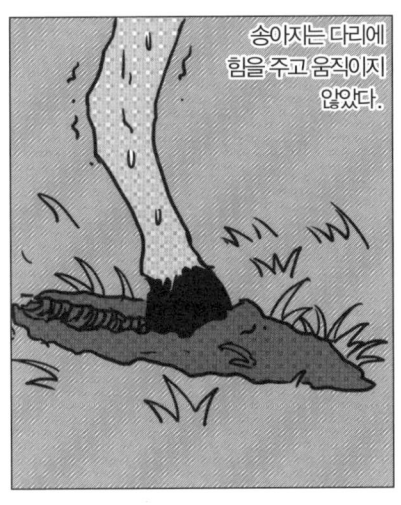

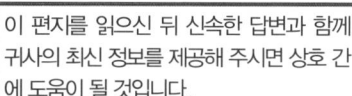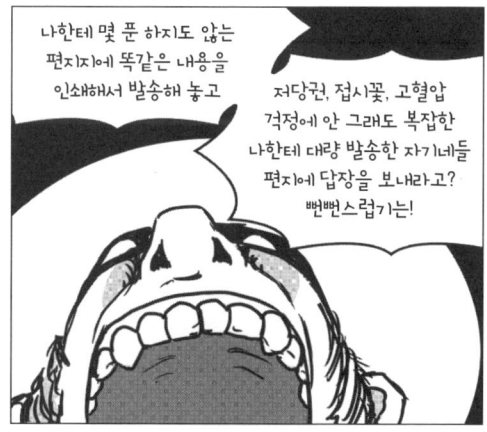

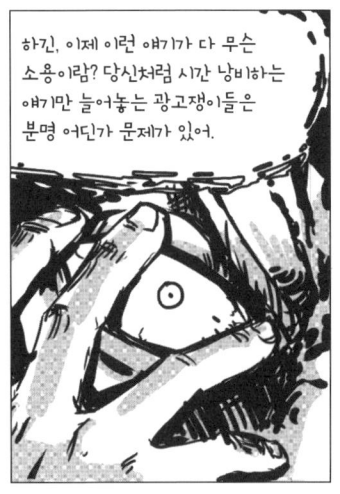

뉴욕 시 브루클린 프론트가 28번지
A. 레가드 주식회사 에드워드 버밀렌 귀하

안녕하십니까?
대부분의 물량이 오늘 오후 늦게야 저희 회사에 도착하고 있는 관계로 발송 작업이 늦어지고 있습니다.

그로 인해 화물 체증, 연장 근무, 배차 지연이 발생하고, 심한 경우 화물 배송 지연이 발생하고 있습니다. 이는 매우 우려스러운 상황이 아닐 수 없습니다.

11월 10일 저희 회사는 귀사로부터 510개의 화물을 오후 4시 20분이 되어서야 받았습니다.

저희는 화물의 접수 지연으로 인해 생길 수 있는 바람직하지 못한 결과를 피하기 위해 귀사의 협조를 부탁드립니다.

원칙 1 상대방에게 진심으로 관심을 가져라.
Become genuinely interested in other people.

원칙 2 미소 지어라.
Smile.

원칙 3 상대방의 이름을 소중히 여기고 기억하라.
Remember that a person's name is to that person the sweetest and most important sound in any language.

원칙 4 상대방의 이야기에 귀 기울이고, 상대방이 스스로에 대해 말하도록 하라.
Be a good listener. Encourage others to talk about themselves.

원칙 5 상대방의 관심사에 관해 이야기하라.
Talk in terms of the other person's interests.

원칙 6 상대방이 자존감을 느끼게 하라.
Make the other person feel important and do it sincerely.

사람들이 당신을 좋아하게 만드는 6가지 비결

어디서나 환영받는 비결

만약 우리가 타인에게 깊은 인상을 남겨서 자신에게만 관심을 갖게 하려고 애쓴다면, 우리는 결코 진정한 친구가 될 수 없다.

진정한 친구는 절대 그런 식으로 사귈 수 없다.

그런데 나폴레옹은 그런 방식으로 사람을 사귀려고 했다.

조세핀과의 마지막 만남에서 그는 다음과 같이 말했다.

조세핀, 나는 지금껏 이 세상에서 누구보다 운이 좋은 사람이었소. 그런데 이 시간 이후로 내가 의지할 수 있는 사람은 당신밖에 없소.

한번은 태프트 대통령 내외가 백악관을 비운 사이, 그 사실을 모르고 루스벨트가 방문한 적이 있었다.

그는 자신이 대통령이었던 당시 알게 된 하인들의 이름을 부르며 인사를 전했는데,

안녕, 애덤스!

잘 지냈나, 존!

심지어 부엌에서 일하는 하녀의 이름까지 기억하고 있었다.

오랜만이군, 앨리스!

대, 대통령, 아니 전 대통령 각하!

몇 년 전, 나는 브루클린 예술과학재단에서 소설 작문 강의를 했다.

나와 학생들은 많은 작가들의 경험을 통해 교훈을 얻기 위해 캐서린 노리스, 페니 허스트 등의 작가를 초청하기로 했다.

우리는 편지를 보내 그들의 충고와 성공 비결에 대해 듣고 싶다고 했다.

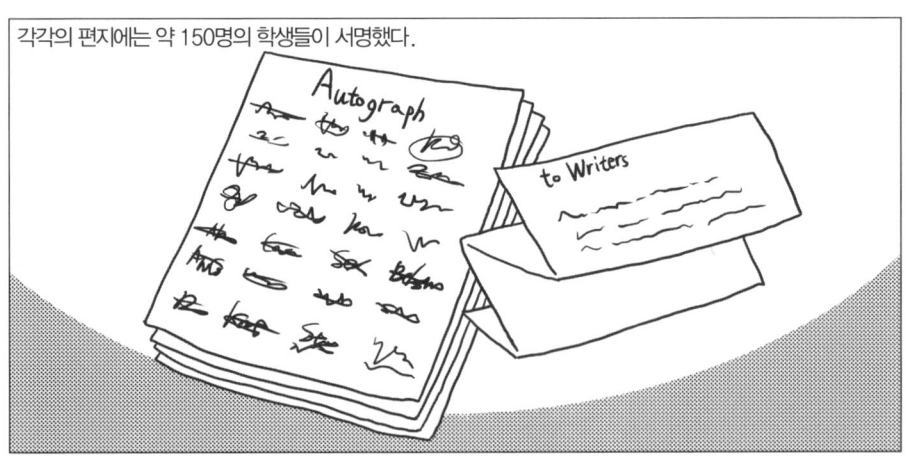

각각의 편지에는 약 150명의 학생들이 서명했다.

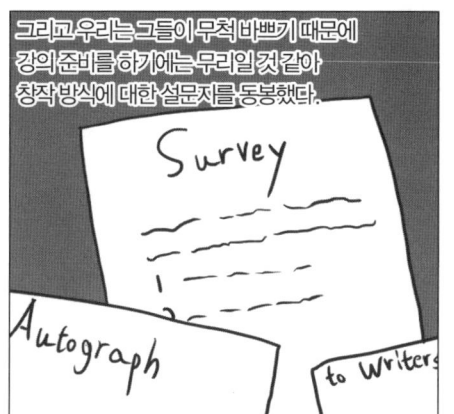

좋은 첫인상을 남기는 비결

최근에 나는 뉴욕에서 열린 만찬회에 참석했다.

손님 중에는 유산을 상속받은 한 여성이 다른 사람들에게 멋진 첫인상을 남기려고 애쓰고 있었다.

그녀는 모피와 다이아몬드, 진주로 과하게 치장했지만……

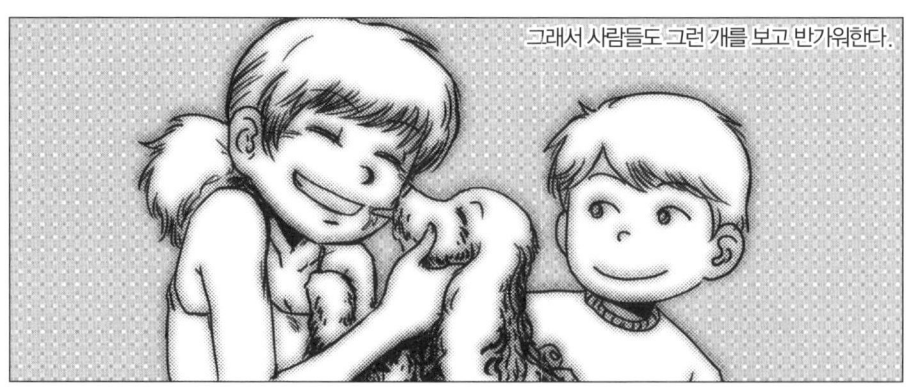

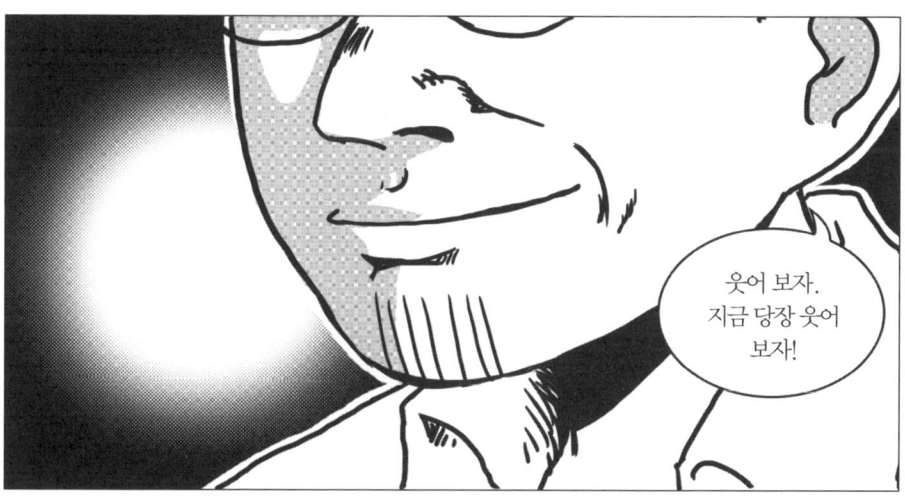

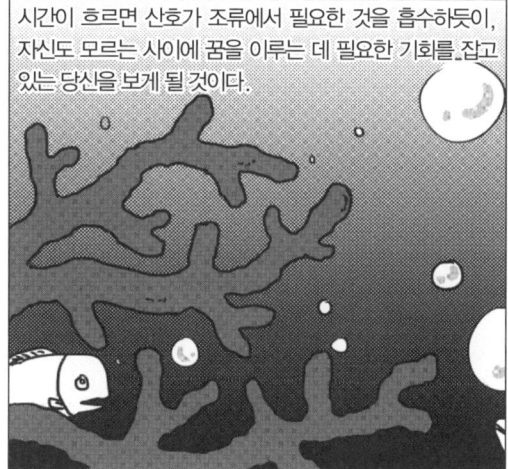

인간은 고치 안에 들어 있는, 준비 단계의 신이다.

183

상대방의 이름을 기억하는 비결

1898년, 뉴욕 로클랜드 지역에서 참사가 발생했다.

그날은 한 아이의 장례식이 있는 날이어서 마을 사람들이 준비를 하고 있었다.

짐 팔러는 말을 마차에 매려고 마구간에서 끌어냈다. 땅은 눈으로 뒤덮여 있었고, 날씨는 살을 에는 듯이 추웠다.

그는 지역을 순회하며 모든 일정을 소화했다.

동부에 돌아온 제임스 팔리는 도착하자마자 그가 방문했던 마을에 사는 주민에게 편지를 보내 그가 이야기를 나눈 모든 사람들의 명단을 보내 달라고 했다.

최종 명부에는 수천 명의 이름이 적혀 있었다.

그리고 그는 그 많은 사람들에게 일일이 친근한 인사를 적은 편지를 보냈다.

그는 자신의 수많은 직원들의 이름을 외워서 부를 수 있다는 사실을 자랑스러워했다.

그리고 그는 자신이 책임자로 있는 동안 공장에서 파업이 일어나지 않았다는 점도 뿌듯해했다.

폴란드 출신 피아니스트 파데레프스키는 미국에 공연을 올 때마다 항상 풀먼 특별 객차의 요리사를 기억하고 정중하게 '카퍼 씨'라고 불러 그에게 자부심을 느끼게 해 주었다.

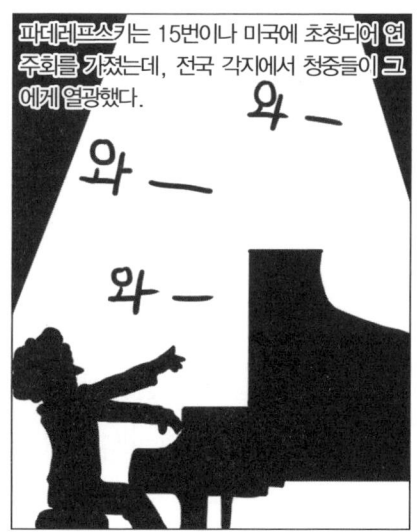

파데레프스키는 15번이나 미국에 초청되어 연주회를 가졌는데, 전국 각지에서 청중들이 그에게 열광했다.

그는 미국에서 그 요리사를 흔히 편하게 부르듯 '조지'라고 부른 적이 한 번도 없었다.

크라이슬러사는 다리가 불구였던 루스벨트를 위해 특별히 차를 제작했다.

"챔벌린 씨와 기계공이 그 차를 백악관에 운반했다."

"그때의 경험에 관한 챔벌린 씨의 편지를 소개하겠다."

저는 루스벨트 대통령께 수많은 특수 장치들이 장착된 자동차의 운전법을 알려 드렸지만, 대통령께서는 제게 사람들을 다루는 굉장한 기술을 가르쳐 주셨습니다.

제가 백악관에 갔을 때 대통령께서는 정말 기분이 좋아 보였습니다.

대통령께서는 저의 이름을 부르며 편안하게 대해 주셨습니다.

좋은 대화 상대가 되는 비결

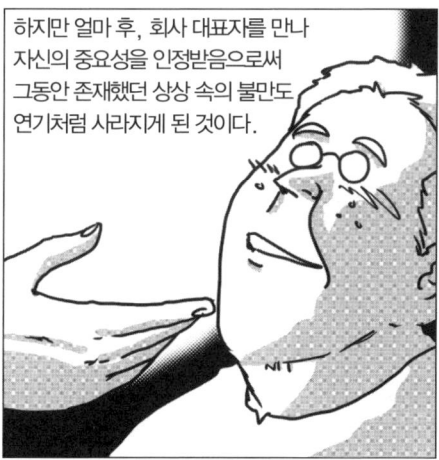

사람들의 관심을 얻는 비결

원칙 5.

상대방의 관심사에 관해 이야기하라.

Talk in terms of the other person's interests.

사람들이 나를 순식간에 좋아하게 만드는 비결

때로는 스테이크가 고무처럼 질기고, 빵이 숯덩이처럼 탔더라도 불평하지 말라.
다만 오늘 식사가 아내의 평소 실력에 못 미쳤구나, 하는 정도로만 이야기하라.

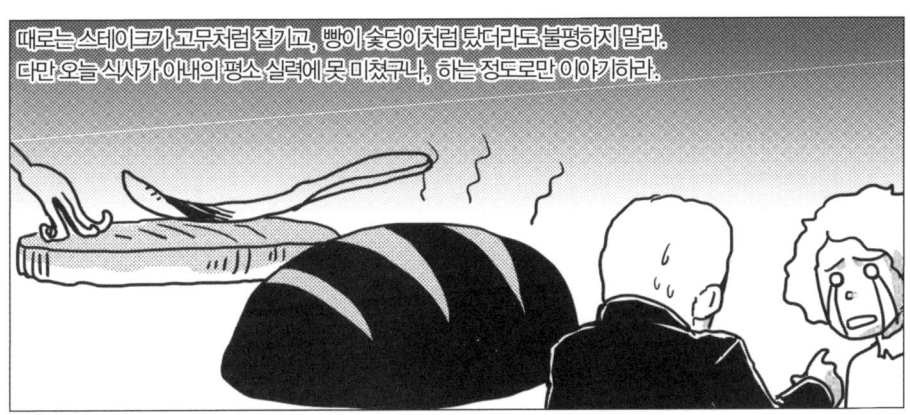

그러면 아내는 당신의 이상적인 아내가 되기 위해 부엌에서 자신을 불태울 정도로 열심히 요리할 것이다.

하지만 이 모든 것을 너무 갑자기 시작하지는 말라.
필히 아내가 의심할 것이기 때문이다.

오늘밤이나 내일 밤에 아내에게 꽃다발이나 사탕이 담긴 상자를 건네라.

그리고 마법이 일어나는 것을 지켜보라.

만화
데일카네기
인간관계론1

개정판 1쇄 펴낸 날 2020년 4월 20일

지 은 이	데일 카네기
엮고 그린이	길문섭
펴 낸 이	장영재
펴 낸 곳	(주)미르북컴퍼니
전 화	02)3141-4421
팩 스	02)3141-4428
등 록	2012년 3월 16일(제313-2012-81호)
주 소	서울시 마포구 성미산로32길 12, 2층 (우 03983)
메 일	sanhonjinju@naver.com
카 페	cafe.naver.com/mirbookcompany

ISBN 979-11-6445-264-4 (13320)

* (주)미르북컴퍼니는 독자 여러분의 의견에 항상 귀 기울이고 있습니다.
* 책값은 뒤표지에 있습니다.
* 파본은 책을 구입하신 서점에서 교환해 드립니다.